DISCOURS

PHILOSOPHIQUE-

PATRIOTIQUE,

Sur la Soumission dans l'Ordre Politique.

DISCOURS

PHILOSOPHIQUE-

PATRIOTIQUE,

Sur la Soumiſſion dans l'Ordre Politique.

Par M. l'Abbé D. B. DE PAUMERELLE, de l'Académie des Arcades de Rome & d'Arez-zo, de l'Académie Impériale des Apatiſtes de Florence, de la Philarmonique de Verone, & des Ricovrati de Padoue.

Onde per ritrovar pace, e riſtoro,
Fu duopo eſſer ſoggetti a' patti tali.
METAST. *orig. delle Leggi.*

A AMSTERDAM

Et ſe trouve à PARIS,

Chez BASTIEN, Libraire, rue du Petit-Lion, Fauxbourg Saint-Germain.

M. DCC. LXXIV.

DISCOURS

PHILOSOPHIQUE-PATRIOTIQUE,

Sur la Soumiſſion dans l'Ordre Politique.

JAMAIS l'homme n'erra ſans frein ſur la ſurface de la terre. Dès les commencemens ſa liberté eut des limites. La Bonté ſuprême, les traça du même doigt qui fixa l'ordre harmonique de l'univers : elle vit que l'homme ne pouvoit être abſolument indépen-

A 3

dant & heureux. Elle lui donna
donc des befoins, & voulut qu'ils
contribuaſſent à ſa félicité. Ce ſont
ces befoins réciproques de chaque
individu qui les rapprochèrent. De
leur dépendance mutuelle , na-
quit le bonheur général. Il n'exiſte
que dans les Sociétés politiques :
auſſi l'homme ſocial ne le cher-
che-t-il qu'à l'ombre des loix. Il
n'eſt point allarmé des atteintes
qu'elles portent à ſa liberté, il
chérit les entrâves qu'elles lui don-
nent ; elles ſont autant de ga-
rants de ſa ſûreté. Dans cette con-
viction , il renonce à ſa liberté
naturelle pour ne jouir plus que de
la liberté civile. Il lui ſuffit pour
jurer aux loix une ſoumiſſion ſin-
cere & conſtante, que ſes biens
ſoient en ſûreté, & ſa perſonne à

l'abri des infultes. Ces conditions avantageufes font autant de liens étroits qui uniffent entr'eux les membres des corps politiques. Le Citoyen foumis ennoblit fa foumif-fion par fa reconnoiffance & fon refpect ; l'un & l'autre fentiment le caractérife. Il eft reconnoiffant du bienfait des loix, il refpecte l'autorité dont elles émanent. A fes yeux éclairés par la religion, la Souveraineté a une fource toute divine. Ce titre feul détermine fa foumif-fion, que la raifon anime. Elle lui développe les avantages & les douceurs de la Société civile ; il ne fe croit libre qu'autant qu'il en jouit. Eh quelle autre liberté peut-on defirer, fi ce n'eft celle dont l'exercice eft limité par les loix ? Toute liberté qu'elles ne modèrent pas,

est une licence qui n'enfante que
désordre & foiblesse. Le mot seul
de licence effraye le vrai Citoyen,
sa frayeur suffit pour le tenir en
garde contre les passions qui la
provoquent ; sourd à leurs cris,
il plaint celui qu'elles subjuguent.
Eh ! quel objet plus digne de
pitié que l'homme entraîné par ce
torrent ? Ses idées se confondent,
la dépendance lui devient odieuse,
toute obéissance lui semble une
servitude avilissante , parce qu'elle
renferme un aveu de sa foiblesse,
& que cet aveu choque son orgueil. Dans les élans impétueux
de son amour-propre, il mord
en frémissant le frein de l'autorité
& le brise ; criant sans cesse après
la liberté, ne cherchant qu'elle,
il tombe dans l'indépendance &
dans la révolte.

Telle eſt la ſource fatale de l'eſ-
prit d'indépendance, tels en ſont
les déplorables effets. L'amour de
ſoi, ce principe de notre vie dont
la Nature n'échauffa nos ames que
pour conſerver nôtre être, l'épurer,
l'embellir, cet amour détruit notre
être, le corrompt, le défigure.
Ce n'eſt que par degrés que ce
principe funeſte agit ſur l'homme;
ce n'eſt auſſi que par nuances
inſenſibles que le mauvais Citoyen
devient indépendant. Dans les commencemens, il laiſſe échapper quelque légers murmures contre l'autorité, bientôt elle lui devient im-
portune. Malheur à lui, malheur
à ſes Concitoyens, ſi le joug de
l'amour-propre s'appéſantit ſur ſon
ame. Un phantôme de liberté y
porte le trouble ; il le pourſuit

avec avidité, ce phantôme perfide, mais lorfqu'il croit l'avoir atteint, la liberté difparoit, l'indépendance refte. Victime de cette furie, mille paffions s'arrachent tour à tour l'empire de fon âme. La foif des richeffes le dévore, les ferpens de l'envie foufflent leurs poifons dans fon fein & le déchirent, l'orgueil l'enivre. Que fera-ce, fi dans ce délire, la raifon veut ramener cette âme égarée ; fi le fceptre veut effayer fon pouvoir fur ce cœur fuperbe ; fi la vertu emprun e l'organe redoutable des loix, pour parler à l'homme indépendant ? La rage fermente déja dans fon cœur, elle éclate fur fon front altier ; fes regards menaçants, veulent foudroyer ceux mêmes à qui le ciel a remis la foudre. L'in-

senfé ne connoît plus d'autre fou-
verain que lui-même, d'autres loix
que les confeils de fon aveugle
furie. Il croit qu'il fuffit de con-
cevoir un projet vafte, pour avoir
le droit de l'exécuter ; il croit dans
fon égarement, que celui qui ofe
afpirer à gouverner les hommes,
devient dès-lors leur légitime fou-
verain. Sa volonté eft fon droit,
& la bafe de fon orgueilleux fyf-
tême. Tu ne peux l'entrevoir fans
frémir, vertueux Citoyen, ce fyf-
tême d'iniquité dont je t'ai à peine
donné une efquiffe légere , mais
encore affez vraie pour t'indigner.
Viens effacer l'empreinte d'un ta-
bleau fi hideux. Parois, montre-
nous le modèle du Citoyen, & le
contrafte de l'homme indépendant.
Sous le fpécieux prétexte de la

liberté, tu n'aspires point à l'indépendance. Non, chez l'homme
juste, l'amour-propre ne devient
jamais le germe des vices; s'il le
fait agir, il ne le maîtrise point.
En garde contre ce principe toujours nécessaire, mais souvent fu-
neste, l'homme social le dirige
d'après les conseils de la raison.
C'est la raison qui empêche sa
vertu de se briser contre les écueils
que l'amour-propre, toujours in-
considéré dans sa marche, n'ap-
perçoit que lorsqu'ils causent son
naufrage. La liberté n'est point
pour lui l'exercice vague d'une
volonté déréglée; jamais, de son
aveu, elle ne franchit les bornes
qu'une autorité sage lui a pres-
crites. Ferme dans sa fidélité,
rien ne peut ébranler le Citoyen

foumis. Les menaces & les pro-
meffes du factieux, les faveurs de
la fortune & fes caprices gliffent
fur fon âme, & n'y jettent aucun
trouble. Quelque rang qu'il tienne
dans la fociété, quelque brillant
que foit le pofte qu'il y occupe, fon
éclat ne l'éblouit point: plus il eft
élevé, plus il eft foumis, & fe fait
un devoir de l'être. Tel nous avons
vu le Dauphin de la France, porter
fur les marches du Trône toutes les
vertus d'un fujet fidèle. Pardonne,
Prince chéri, fi jofe remuer tes
cendres ; il eft permis de chercher
la vertu jufque dans les horreurs
du tombeau.

Le fujet fidèle ne fe croit pas dé-
gagé des liens de la foumiffion,
quand bien même il gémiroit fous
le joug de la tyrannie. La raifon

lui dit qu'il n'eſt pas juge de ſon
Souverain ; la religion le lui fait
entendre d'une manière plus pré-
ciſe encore. Qu'il ouvre les livres
reſpectables où elle prononce ſes
oracles , il y verra que l'Etre ſuprême s'eſt réſervé le droit de ju-
ger les Princes coupables. Nul prétexte , pas même celui de la religion, n'eſt une cauſe légitime pour
lever l'étendard de la révolte. Le
fanatiſme ſeul ſçait l'arborer. C'eſt
lui, qui enveloppé du manteau de
la religion , fit le crime de nos
peres, & les malheurs de Henri.
Qu'ils accuſent leur aveuglément,
ſi ce Prince fut obligé d'être le
conquérant de ſes Peuples pour en
devenir le pere . . . . . mais enſeve-
liſſons dans un oubli impénétrable,
un ſouvenir qui perce tout cœur

François. Le Philosophe évite de s'appesantir sur les erreurs des hommes ; le François patriote, rougit des fautes de ses peres. L'indépendance est à ses yeux le plus grand des attentats. Le Palladium enlevé aux Troyens, précipite leur ruine ; que la liberté de l'homme civil cesse d'être dirigée par les loix, qu'il cesse d'être soumis dans le sistême monarchique, il n'est plus pour lui de paix ni de tranquillité. La sûreté disparoit, & sa vertu est menacée de toutes parts. Les passions déchaînées arment le vice ; humble, rampant, timide, quand les loix règnent ; il devient audacieux dès que leur empire s'affoiblit. Les forfaits sont les instruments qu'il emploie pour opprimer l'innocence.

Heureux le juste, s'il ne sucombe pas sous ses coups. Foible & désarmé, que peut-il lui opposer. Cependant brave-t-il l'oppresseur? il est forcé de lutter contre les besoins naturels. Amis bienfaisants, lorsqu'ils sont satisfaits ; ennemis cruels & redoutables lorsqu'ils ne peuvent l'être. Nécessaires à l'homme, faits pour être un principe de vie ; ils deviennent un principe de mort. Citoyen éclairé sur tes vrais intérêts, j'applaudis à ta soumission, je la partage. Tant que tu es soumis, tu ne crains pas ces maux. Pourrois-tu les craindre ? le Souverain a toujours le glaive en main, pour punir les téméraires qui osent troubler ton repos ; les loix, organes fidèles de sa volonté, ne sont aussi occupées

pécs

pées que de toi. Qu'elles récom-
penfent la vertu, qu'elles puniffent
le crime, la fûreté feule du Citoyen
dirige leurs recherches. Lors même
qu'elles appéfantiffent leurs mains
vengereffes fur le méchant, elles
l'avertiffent qu'elles veillent à fa
fûreté. C'eft le triomphe de la liberté civile, lorfque le crime eft puni.
L'équilibre de la Société eft ap-
puyé fur la jufte proportion des
peines & des récompenfes. Si celui
qui la deshonore par fes excès &
la trouble par fes attentats, jouit
de fes douceurs, partage fes bien-
faits, le Citoyen ne fe croit plus
libre, il ne l'eft plus. Aux délices
de la paix fuccèdent les horreurs
de la guerre, la condition tacite
qui forme les fociétés n'eft point
remplie ; chaque membre ne con-

B

tribue plus à la vigueur, à la for-
ce, au bien-être du corps Politique. Il eſt devenu la proie de
l'homme pervers, qui trop injuſte
pour vouloir porter les charges de
la Société, dévore la ſubſtance du
Peuple. Le bonheur fait pour tous,
il le prend dans cette maſſe commune ; il fait plus, il oſe exiger
que ceux qui la compoſent, ſoient
les inſtruments ou les victimes de
ſes paſſions.

Ces ſuites affligeantes de l'équilibre rompu n'attriſtent jamais le
Citoyen, vivant ſous une bonne
lég ſlation. Les loix en vigueur
ſoutiennent la balance, & l'em-
pêchent d'incliner vers les déſor-
dres que l'homme dépravé peut
provoquer par ſes iniques entre-
priſes. L'œil attentif du Souve-

rain veille fans ceffe à la fûreté commune. Il l'entretient par la jufte combinaifon des pouvoirs qu'il a en main. Tandis que dans le calme de la foumiffion, l'homme civil fuit fans peine, fans inquiétude, la pente douce & facile de la vertu ; tandis qu'il en goûte les charmes avec fécurité, le Souverain, toujours inquiet, fe tourmente, s'agite pour chercher les moyens les plus propres à affurer l'harmonie du tout dont il eft partie principale. Semblable à ce Laboureur refpectable, que l'on voit dans les fatigues de la récolte, pâlir, friffonner, gémir, toutes les fois qu'un orage funefte menace cette abondante moiffon qu'il a tant arrofée de fes fueurs ; le Monarque, pere de fes peuples, s'afflige , s'attriste , s'irrite , s'enflamme lorsque l'on porte la moindre atteinte à la sûreté de ses sujets. Le Laboureur infatigable n'a point de relâche , qu'il n'ait mis sa moisson à l'abri des injures de l'air. Le Souverain ne connoit point le repos qu'il n'ait paré le coup porté à la tranquillité publique. L'un multiplie les Agents pour hâter son ouvrage ; l'autre se multiplie lui-même pour écarter le mal. Tantôt conservateur des loix , il les maintient en vigueur ; tantôt Législateur judicieux , il les abroge. Convaincu du bien-fait de la loi , il ne cherche qu'à le répandre sur ses sujets. C'est ainsi que naît l'équilibre, qu'il s'entretient , se perpétue entre toutes les parties du Corps Social. Aussi le

Citoyen courbe-t-il avec nobleſſe ſa tête généreuſe ſous le joug ſalutaire de l'Autorité. Ce joug n'eſt point incompatible avec ſa liberté. La portion qu'il ſacrifie, la lui rend toute entiere. Enchaîné par le lien Social, il eſt plus libre que l'être le plus indépendant. L'uſage le plus précieux qu'il pourroit faire de ſa liberté, ſeroit d'en envelopper pour ainſi dire ſon exiſtence, & de la défendre contre des traits ennemis. Le Souverain y veille pour lui du haut du Trône. Libre de ces ſoins, qui altèrent le prix de notre être, il peut s'élancer vers le bonheur. Les loix lui en ouvrent la carrière, & ferment toutes les voies qui n'y conduiſent point. Rien ne le retient ; il n'eſt pas même captivé par la crainte de s'égarer. Il n'a qu'à courir de vertus en vertus. Ses chaînes ne font qu'un tiſſu de fleurs. Qu'oſeroit il exiger de plus? Peut-il reclamer une funeſte indépendance ? Elle le précipiteroit dans un océan de malheurs dont le terme feroit ſa propre deſtruction. Vertueux Concitoyens ce n'eſt point pour vous que j'éprouve de pareilles allarmes. Le cœur bienfaiſant de Louis ; l'active fenſibilité de ſon Auguſte Epouſe ; l'amour du François pour ſes Maîtres , aſſurent le bonheur de la Patrie ; tranquille ſur ſon fort, j'ai moins cherché à l'inſtruire, qu'à me rendre digne d'elle.

F I N.